AF332848

"Pages actuelles"
(1914-1916)

UNE
Théorie Allemande de la Culture

W. OSTWALD ET SA PHILOSOPHIE

PAR

VICTOR DELBOS

de l'Académie des Sciences Morales et Politiques

BLOUD ET GAY, Éditeurs

7, PLACE SAINT-SULPICE, PARIS
35, CALLE DEL BRUCH, BARCELONE

UNE
Théorie Allemande de la Culture

W. OSTWALD ET SA PHILOSOPHIE

PAR

VICTOR DELBOS

de l'Académie des Sciences Morales et Politiques

BLOUD & GAY

Éditeurs

PARIS, 7, Place Saint-Sulpice
Calle del Bruch, 35, BARCELONE

1916

Une Théorie Allemande de la Culture
W. OSTWALD ET SA PHILOSOPHIE (1)

MESDAMES, MESSIEURS,

La guerre présente nous a apporté bien des surprises. Elle nous a réveillés presque tous, sinon d'un rêve complet, au moins d'un demi-rêve. Nous avions bien l'idée ou le soupçon des grandes différences qu'il y avait sur les principes généraux de la politique et de la morale internationales entre les conceptions des Allemands et les nôtres : mais que ces différences pussent aller, d'un certain côté, jusqu'au plus atroce mépris du droit et de la conscience, il a fallu cette guerre pour nous l'apprendre. En nous l'apprenant, elle a imprimé au fond de nos âmes une horreur sacrée qui saura s'y maintenir et se transmettre de là sans s'affaiblir aux âmes des futures générations françaises. Tant de barbarie dans une nation qui aimait tant à se dire cultivée, et qui semblait pou-

(1) Conférence faite à Besançon le 17 février 1916, sous les auspices de la Société des Amis de l'Université de Franche-Comté.

voir porter justement sur elle ce témoignage !
Aussi, quand certains Allemands nous firent savoir que si l'Allemagne prétendait nous soumet-
tre, c'était précisément en raison de la supériorité
de sa culture, beaucoup de Français ingénus, je
crois bien, devant cette révélation inattendue,
écarquillèrent leurs yeux. Ce mot de « culture »,
même avec les idées très vagues qu'il pouvait évo-
quer, représentait néanmoins quelque chose de si
entièrement contraire à la brutalité avec laquelle
l'Allemagne avait déchaîné et conduit la guerre,
qu'il semblait être, dans la circonstance, de la
plus monstrueuse impropriété ; d'autre part il
apparaissait, sous la plume de ceux qui l'em-
ployaient, gonflé d'une fatuité si pédantesque,
qu'il finit à la longue par exciter chez nous autant
d'ironie que d'indignation. Indignation et ironie
restent parfaitement justifiées. Mais ne pensez-
vous pas qu'il serait bon de rechercher un peu
contre quoi nous nous soulevons et ce que nous
raillons ? Qu'est-ce que cette culture que les Allemands déclarent posséder et qui leur confère,
paraît-il, le droit de conquérir et d'asservir ? Peut-
être n'ont-ils pas tous voulu par ce même mot
dire la même chose ; la langue allemande est riche
de ces mots indéterminés que chacun approprie
à ses conceptions. Adressons-nous au professeur

allemand Ostwald ; c'est de lui que nous obtien-
drons, à ce qu'il semble, les explications les plus
précises. Chimiste de haute valeur, lauréat du
prix Nobel pour la chimie, par surcroît philo-
sophe, fondateur d'une Revue qu'il avait d'abord
intitulée *Annales de philosophie de la nature*, et
dont il avait complété le titre assez récemment
en ajoutant à *philosophie de la nature philosophie
de la culture*, il est plus qualifié que tout autre de
ses compatriotes pour nous dévoiler les caractères de cette culture dont il avait auparavant cons-
truit la théorie, et au nom de laquelle il a réclamé
notre absorption par la puissance allemande : car
lui aussi l'a réclamée.

Voici, en effet, comment il s'exprimait dans une
interview accordée à des journaux suédois : (1) ce
qui établit la supériorité de l'Allemagne sur tous
les autres peuples, c'est qu'elle a atteint le degré
de la culture qui est marqué par la faculté d'organisation. Les Russes en sont encore à la période
de la horde ; les Français et les Anglais vivent
sous le régime de l'individualisme ; l'Allemagne
est depuis déjà quelque temps entré dans l'âge de
l'organisation ; elle institue le régime qui tire de
l'individu le maximum de travail utile, qui ne

____

(1) Voir le journal *Le Temps* du 26 novembre 1914.

souffre aucune force gaspillée, qui ne laisse aucune force inemployée, qui fait concourir toutes les forces à un but commun. Ce que veut l'Allemagne, c'est, après s'être organisée elle-même, organiser l'Europe. Pour cet objet d'ailleurs les conquêtes matérielles sont inutiles, et Ostwald se proclame plus que jamais pacificiste et internationaliste : il suffit de laisser l'Allemagne déployer librement dans tous les pays son immense force d'expansion.

Ainsi le pacificiste, l'internationaliste Ostwald se révélait, dès que les événements l'y invitaient, aussi atteint que n'importe lequel de ses compatriotes de la mégalomanie pangermaniste ; comme plusieurs autres également, il la parait de formes intellectuelles et d'expressions empruntées à la philosophie, à sa philosophie ; de cette philosophie quels sont, aussi simplement et aussi brièvement que possible, les traits essentiels ?

Cette philosophie se nomme l'*Énergétique*. Elle est née, dans l'esprit d'Ostwald, du sens qu'il a donné à ses recherches et à ses découvertes scientifiques, et en même temps de ses réflexions sur le principe de Robert Mayer d'après lequel il y a équivalence entre la chaleur et le travail mécanique. Mais Mayer et ceux qui le suivirent dans cette voie ne surent pas, au dire d'Ostwald, tirer toutes les conséquences et apercevoir toute la signification de cette loi d'équivalence. Bien comprise, cette loi ne doit pas, tant s'en faut, imposer la réduction de toutes les formes de l'énergie à l'énergie mécanique, et elle ne doit pas non plus, après avoir si heureusement mis en lumière la réalité de l'énergie, laisser subsister hors d'elle une sorte de matière à laquelle l'énergie s'ajouterait. Elle implique plutôt que l'énergie est le fond même de toute réalité, que, d'autre part, il n'y a point pour cela une énergie une, mais des énergies de formes diverses qui se transforment les unes dans les autres, énergie cinétique, énergie de volume, énergie de position, énergie thermique, énergie électrique, énergie chimique, etc.

Ainsi la notion d'énergie est la notion fondamentale. Rendons cette notion familière par une analogie et par des exemples. Qu'est-ce qu'un homme énergique? C'est un homme en possession d'une qualité morale qui le rend capable d'agir comme il faut et quand il faut, et de produire par là certains changements. Or, dans la nature, il se produit des changements de toute espèce, et ces changements se rapportent à des actions déterminées. Que ce soit la tempête qui soulève la mer et abatte les arbres, que ce soient les rayons du soleil qui réchauffent notre corps et fassent s'épanouir des plantes innombrables, que ce soit une bicyclette ou une automobile qui nous fasse voler sur les routes, que ce soit la lampe qui le soir éclaire nos veilles : autant d'événements divers que nous ne pouvons expliquer qu'en les rapportant à des espèces définies d'énergie. Nous attribuons la violence de la tempête à la force vive de l'air agité qui provient de différents points de la surface de la terre. Nous attribuons les effets bienfaisants du soleil à l'action de la lumière qu'il envoie sur la terre. Nous attribuons la marche de notre bicyclette ou de notre automobile à notre effort musculaire ou à un travail chimique opéré par la benzine de notre moteur. C'est aussi à un travail chimique que nous attribuons l'éclat de notre lampe si elle est alimentée par du gaz ; c'est à un travail électrique que nous l'attribuons si elle est alimentée par l'électricité. Voilà donc des phénomènes extrêmement dissemblables ; et, cependant, lorsque le savant veut en énoncer les raisons d'être les plus générales, il dit qu'il y a là transformation de diverses espèces d'énergie les unes dans les autres. Comment ne serait-on pas autorisé à généraliser, et à soutenir que rien ne peut se produire dans le monde sans que l'énergie y ait part?

Ostwald s'est plu à raconter comment cette généralisation s'est imposée toujours d'avantage à son esprit, et a eu raison en lui de toutes les objections et de toutes les critiques. Non sans quelque emphase et sans quelque mise en scène, il a parlé de cette soirée de Berlin, vers le printemps de 1889 ou de 1890, au cours de laquelle il avait entretenu divers confrères de ses idées sur l'Énergétique et rencontré plus de railleries que d'adhésions, de la nuit presque sans sommeil qui avait suivi cette conversation, de la force impérieuse avec laquelle ses idées l'avaient repris et l'avaient conduit à l'heure la plus matinale jusqu'au « Thiergarten », au Jardin zoologique ; et là, dans cette matinée printanière, sous les rayons naissants du jour qui rappelaient tous les êtres à la vie, devant ces animaux de toute sorte qui déjà s'excitaient à agir, il eut comme la vision concrète de la réalité essentielle et universelle de l'Énergie : « chaque chose, dit-il, lui apparaissait comme s'il l'avait créée selon le récit biblique, comme s'il avait été transporté dans le Paradis et comme s'il avait donné à tout son vrai nom » (1). Cet enthousiasme pour sa conception, Ostwald l'a plus d'une autre fois exprimé : « Si un poète, dit-il

____

(1) *Der energetische Imperativ*, p. 7.

encore, après avoir cherché quelles sont les plus grandes idées sur lesquelles méditent aujourd'hui les hommes, se plaignait qu'il n'y en eût plus pour les conduire à embrasser de vastes ensembles, je lui signalerais le concept d'énergie, le plus grandiose de ceux qui se sont fait jour au siècle dernier ; s'il savait chanter l'énergie en accents dignes du sujet, il ferait une épopée que l'on pourrait regarder à bon droit comme celle de l'humanité » (1).

A ce ton nous devinons quelqu'un qui dans l'extension et l'application de son idée favorite n'a pas dû s'arrêter à mi-chemin : et c'est de là que nous allons voir naître toute la doctrine de l'organisation. Ostwald, en effet, s'efforce de définir en termes énergétiques aussi bien les fonctions de la vie psychologique et de la vie sociale que les propriétés de la matière inorganique et vivante. La philosophie générale qu'il institue ainsi devrait appeler, si c'en était le lieu, bien des réserves et bien des critiques : car des notions qui ont reçu leur sens précis de leur aptitude à expliquer la nature matérielle, transportées telles quelles à l'explication de la nature mentale et morale de l'homme, n'ont le plus souvent qu'un

(1) *L'Energie*, traduction française de Philippi, p. V-VI.

sens très vague et n'arrivent point à serrer de près
la réalité dont elles sont censées rendre compte.
Mais mon sujet est plutôt de vous montrer comment, avec cette notion d'énergie, Ostwald représente le rôle de l'homme dans le monde et les
caractères de la civilisation humaine.

Sur la terre, où il est placé, l'homme trouve à
sa disposition des énergies de toute sorte, qui ont
leur source principale, toujours renouvelée, dans
le rayonnement solaire. Ces énergies, ainsi que
nous l'avons vu, sont susceptibles de transformation. Appelons-les, quand elles ne servent à aucun besoin ou à aucun désir, des énergies brutes;
et quand elles servent à un besoin ou à un désir,
des énergies utiles. L'homme inaugure la civilisation dès qu'il opère la transformation d'une
énergie brute en énergie utile. Employer l'énergie musculaire du bras à atteindre un objet qui
pourra devenir un aliment, employer une branche
d'arbre à étendre la portée de l'action musculaire
du bras pour saisir l'objet qui se dérobe par la
distance : ce sont là des faits de civilisation à
coup sûr très élémentaires, mais où, d'après
Ostwald, toute la civilisation la plus complète est
en germe.

Tel est bien en effet le caractère de l'action

humaine ; tandis que l'animal ne peut utiliser les énergies que telles que la nature les lui fournit, tandis que, par exemple, il ne peut faire subir aucune préparation à ses aliments, ni mettre ses muscles en jeu autrement que dans les limites d'action de ses propres membres, l'homme impose aux énergies brutes les transformations les plus variées, et cela surtout parce qu'il possède des instruments. En outre il est capable, pour parvenir plus complètement à ses fins, de s'approprier le travail étranger et tout particulièrement le travail de son semblable : la collaboration humaine devient un des plus importants facteurs de la civilisation. Enfin, il utilise de plus en plus des énergies inorganiques qui mettent à son service des quantités d'énergie incomparablement plus grandes que les énergies organiques, et qui lui permettent d'exécuter des travaux beaucoup plus divers, des travaux qu'il ne pourrait accomplir s'il était réduit à l'aide des animaux et de ses semblables. Voilà donc le sens dans lequel va la civilisation : augmenter le plus possible la quantité d'énergie utile. Et pour cela, sans doute, il faut tâcher d'augmenter d'abord la quantité disponible d'énergie brute : mais comme la quantité existante d'énergie brute est limitée, il faut s'appliquer à obtenir, pour les énergies à transformer,

des coefficients de transformation aussi avanta-
geux que possible.

Qu'il y ait là des idées intéressantes sur les ori-
gines et le développement de la technique, on ne
le contestera pas ; et, d'ailleurs, en ce qu'elles ont
de plus juste, et indépendamment du système de
l'Énergétique, ces idées ne sont pas sans doute
entièrement nouvelles. Mais Ostwald en a ampli-
fié le sens jusqu'à vouloir constituer par elles
toute une doctrine de la civilisation en général et
même de la moralité personnelle. Bien significa-
tif à cet égard est le court article qu'il a publié
dans sa *Revue* sur l'*Impératif énergétique* (1).
Il prétend simplement accroître la précision
de ce qu'impliquait l'impératif catégorique de
Kant. Sous le nom d'impératif catégorique,
Kant avait affirmé l'existence d'une loi morale
universelle, à laquelle tous les hommes doivent
obéir pour elle seule et qui leur impose de rejeter,
quand il s'agit du bien et du mal, du juste et de
l'injuste, toute pensée ou arrière-pensée d'intérêt.
Or, dit Ostwald, Kant, en affirmant l'existence de
cette loi absolue, n'a pu s'empêcher de supposer
qu'elle se rapportait à des hommes en société,

(1) *Annalen der Naturphilosophie*, X, p. 113-117.

par suite au bien de la communauté humaine.
Donc la question qui reste à résoudre, c'est de
savoir comment peut se réaliser ce bien de la
communauté humaine, et à cette question Ostwald
répond par la formule de l'impératif énergétique :
*Agis de façon à transformer avec le meilleur
rendement des énergies brutes en énergies supé-
rieures*. — Kant complété par là ! Mais c'est Kant
insolemment renié sous les apparences d'une
demi-fidélité à sa pensée ! S'il y a une idée qui
inspire la morale Kantienne — et cette idée lui
vient pour une grande part de la philosophie française, — c'est l'idée que le devoir reste supérieur
et irréductible à tous les procédés et à toutes les
fins de l'habileté technique, c'est l'idée que le respect de la personne humaine doit, en toute ren-
contre, si la personne humaine est en jeu, domi-
ner absolument toute autre considération. Que
l'humanité travaille à son bien, surtout son bien
n'étant conçu que comme le contentement de ses
besoins et de ses désirs, cela n'a rien de propre-
ment moral, et cela même peut être d'une radicale
immoralité, si l'humanité ne voit rien au-delà de
ce bien et si elle y travaille en esclave, sans le
souci de ce qui fait l'éminente dignité de chacun
de ses membres.

A lire Ostwald on dirait que l'humanité n'est

apparue en ce monde que pour y apporter des
besoins, des désirs et des intérêts nouveaux et que
pour chercher des moyens de plus en plus per-
fectionnés de les satisfaire. La culture, pour par-
ler son langage, n'a d'autres fondements que des
fondements énergétiques. Tout ce qui nous paraît
être de l'essence de la civilisation, tout ce qui
nous semble donner à la vie des hommes et des
peuples le plus haut prix, l'esprit de justice qui
gouverne et élargit le droit strict, l'esprit de fraternité qui vivifie et déborde la simple association pour des tâches communes, l'esprit de désin-
téressement qui s'attache avec passion à des fins
idéales, et qui ne se soucie pas d'évaluer d'avance,
au plus juste compte, le rendement possible de
l'effort : tout cela, dans la doctrine d'Ostwald, est
traité par prétérition ou réduit au rôle de facteur
secondaire ou indirect. Non pas qu'Ostwald mé-
connaisse la place qu'occupent dans la civilisation
des notions d'un ordre très élevé, telles que la
notion de droit. Mais qu'est donc le droit pour
lui ? Le droit a pour unique caractère d'empêcher
les hommes de se combattre ; il a pour seul but
et pour seul effet de supprimer les gaspillages
d'énergie brute et d'accroître le coefficient de
transformation de l'énergie brute en énergie
utile. C'est donc là l'avantage, et tout l'avantage

qu'il y a à prévenir ou à régler des conflits juridi-
quement.

Du moment que toutes les notions directrices
de l'humanité sont estimées à cette mesure, il
apparaît bien qu'elles n'ont de valeur que tout
autant qu'elles deviennent les auxiliaires du plus
grand rendement ; elles doivent donc être consi-
dérées comme des survivances importunes et né-
fastes dès qu'elles peuvent arrêter la hausse du
coefficient de transformation économique. L'as-
cension des sociétés humaines est uniquement
marquée par cette hausse, et c'est pourquoi il
faut qu'elles passent de plus en plus sous le régime
de l'organisation.

Qu'est-ce donc, en fin de compte, que l'organisation et qu'implique-t-elle ? Tout organisme
vivant est caractérisé à la fois par la division et
par la coordination de ses fonctions. La division
croissante des fonctions est une des conditions de
la supériorité de l'organisme : car des fonctions
plus nombreuses, aussi bien que des outils plus
nombreux, sont autant d'instruments de captation
et de transformation d'énergie ; en outre des
fonctions plus spécialisées reçoivent et emploient
l'énergie qui leur convient avec moins de dépense
et plus de sûreté. Mais quand les fonctions se

sont ainsi séparées et ont passé à des organes
spéciaux, il faut qu'elles soient coordonnées de
telle façon que les effets de ces organes isolés
puissent se produire dans des conditions favora-
bles à l'organisme. C'est là la cause de l'existence
du système nerveux, et c'est la raison pour laquelle il se développe davantage à mesure que la
division des fonctions devient plus variée.

Eh bien ! le progrès des sociétés humaines dé-
pend de cette double condition aussi bien que le
progrès des organismes vivants. La division des
fonctions et la spécialisation des tâches matérielles ou intellectuelles marquent le premier moment de ce progrès : mais il y a un second moment
à atteindre pour que ce progrès soit certain et
complet, c'est le moment de la coordination des
efforts et des résultats liés à ces tâches spéciales.
Autrement dit, il faut des individus et des peuples
organisateurs. Est vaine ou reste inefficace en ce
monde toute création qui n'est pas recueillie et
mise en œuvre par une force d'organisation.
Dans le domaine de la science comme au reste
dans d'autres domaines, il arrive souvent qu'une
idée neuve est conçue et essayée par divers esprits
sans qu'elle puisse révéler sa puissance et sa fécon-
dité : mais vienne un esprit plus organisateur que
les précédents tout en étant peut-être moins créa-

2

teur, il découvre le biais par lequel l'idée peut s'insérer dans l'œuvre spéciale de culture qu'elle concerne : et c'est par lui que l'idée prend alors toute sa valeur. On s'imagine trop que les esprits créateurs sont au premier rang et que les esprits organisateurs ne doivent être placés qu'au second, parce que ceux-ci semblent ne faire qu'exploiter les inventions des autres. C'est là, prétend Ostwald, un préjugé. Les esprits créateurs, quand ils ne sont que tels, déploient leur génie sous le régime de l'individualisme : ils exercent avec une puissance singulière une fonction isolée, inefficace par elle seule pour le bien de l'œuvre totale. Considérez, au contraire, ce qu'est et ce que peut à tous les degrés la force de la coordination accomplie et maintenue par quelque organe central : pourquoi, par exemple, dans presque tous les pays les éléments conservateurs sont-ils les plus capables de détenir le gouvernement, sinon parce qu'ils disposent d'une organisation toute faite et consolidée, tandis que les éléments novateurs, d'une valeur intrinsèque presque toujours supérieure, se manifestent et agissent inorganiquement? L'organisation, c'est donc la force par excellence. « Les détenteurs de la capacité d'organiser, en raison de leur rareté relativement plus grande, doivent être considérés, à présent du moins, comme les plus précieux exemplaires de l'espèce *homo sapiens* » (1). Coup d'œil pour l'essentiel, mais surtout force de volonté, tenacité indomptable, connaissance des hommes autant que des choses : telles sont les principales qualités des organisateurs. La faculté de l'organisation appartient du reste à certains peuples aussi bien qu'à certains individus. L'Allemagne, on nous l'a dit, est un de ces peuples : d'où son droit à la suprématie. Si par hasard l'Allemagne était défaite, a déclaré Ostwald après la lutte engagée, ce serait « la suprématie des instincts inférieurs sur les supérieurs, de la brute sur l'homme, et un recul de la moralité, qui serait l'avant-coureur de la ruine de la civilisation européenne (2). »

La façon dont Ostwald vante les bienfaits et, si je puis dire, chante l'hymne de l'organisation, peut nous inviter à faire un retour sur nous-mêmes. N'aurions-nous pas, en effet, insuffisamment en partage la faculté de conduire jusqu'au bout de grands desseins, de mettre en œuvre jusqu'au bout les ressources dont nous disposons dans tous les domaines, d'agencer la plus

(1) *Ueber Organisation una Organisatoren*, 1912. *Scientia, Rivista di Scienza*, p. 259.
(2) V. La *Semaine littéraire de Genève* du 17 octobre 1914.

grande union des esprits et des bras, indispensable à l'exécution des vastes entreprises ? Passionnés pour tout ce qui irrite notre curiosité, pour tout ce qui sollicite notre esprit d'invention et de recherche, ne procédons-nous pas trop en artistes, c'est-à-dire par fantaisie, et avec un plus vif penchant à esquisser une œuvre nouvelle qu'à exprimer de l'œuvre ancienne absolument tout ce qu'elle peut rendre ? Est-ce que trop souvent il ne nous arrive pas de laisser tomber nos idées sans nous donner la peine de les ramasser ? — Oh ! elles ne sont pas perdues pour cela ; si elles ont quelque valeur, il y a bien quelque part un peuple qui saura se jeter à terre et s'en emparer. — Toujours est-il que nous devrions sans doute savoir mieux leur faire un sort par nous-mêmes. — Cependant, à y regarder de plus près, avons-nous ce défaut au degré où nous sommes parfois tentés de nous l'imputer ? N'avons-nous pas su aussi bien qu'en d'autres pays aller de merveilleuses inventions scientifiques à de merveilleuses applications pratiques ? N'avons-nous pas valu autant par la puissance de lier les découvertes et de les concevoir dans leurs conséquences que par celle de les faire ? Et s'il nous arrive parfois de ne pas coordonner avec assez d'unité, de puissance, de tenacité, des efforts individuels qui, par eux-mêmes, tendent à diverger, ces défauts, dont il n'est pas impossible que nous nous corrigions, surtout après la dure expérience de cette guerre — et dans la mesure où ce sont des défauts — sont peut-être la rançon d'une certaine conception ou d'un certain sentiment de la civilisation humaine : par quoi assurément nous nous opposons de toute notre âme à la conception et au sentiment qu'en représente dans sa théorie le professeur Ostwald.

La force organisatrice, telle qu'il l'imagine en effet comme la manifestation la plus haute de la culture, semble devoir rester indifférente aux moyens qu'elle emploie, pourvu que ces moyens atteignent leur fin, qui est le maximum de rendement. Elle convertit tout le monde humain en un immense machinisme, soumis à quelques agents supérieurs de direction, de prévoyance et d'exécution, individus ou peuples. Vision de paradis pour Ostwald. Je n'irai pas jusqu'à dire, par simple et facile antithèse : Vision d'enfer pour nous. Car nous admettons franchement comme facteurs indispensables et considérables de la civilisation tous les moyens techniques d'arriver à une possession plus complète et à une meilleure distribution de toutes les énergies utiles ; c'est même à nos yeux un principe de haute moralité, que l'homme doit travailler à maintenir et à accroître ce qu'il a gagné à la sueur de son front. Mais que les personnes humaines ne soient plus que des fragments d'individualités raccordés par la coordination de leurs métiers, qu'elles doivent se laisser emprisonner dans le mécanisme qui est leur instrument, qu'elles tendent à n'être plus que des outils vivants actionnés au fond par la force toujours croissante des outils matériels ; que, par une extension illimitée et fantastique de cette idée, les nations mêmes, ces grandes personnes morales, qui ont aussi leur âme, leur génie propre et avant tout leur droit, soient sujettes à avoir leur sort réglé par la puissance la plus capable d'imposer et de répartir, sans autre souci, les tâches de production : c'est en vérité, sous la fausse figure de l'humanité triomphante, l'humanité mortellement déchue : car à l'organisation qu'elle revêt ainsi elle sacrifie, pour le développement de la vie sociale comme de la vie individuelle, toute autonomie essentielle de pensée, de volonté et même de sentiment.

Il est incroyable à quel point Ostwald, dans ses essais de sociologie, vide la société de tous les éléments et de tous les principes qui font que les hommes, par dessus la diversité de leurs tâches et de leur puissance de production économique, s'assimilent les uns aux autres. Il avoue lui-même n'attacher de prix à l'association que « dans la mesure où, par la coordination de l'activité humaine, elle améliorera tel ou tel coefficient d'exploitation » (1). Quelle insuffisante conception pour ne pas dire plus, même si l'on envisage les sociétés humaines avec le regard le plus positif ! On peut ne pas s'entendre sur la façon d'expliquer le fait, mais le fait est incontestable, que les sociétés humaines enferment des dispositions et des représentations collectives par lesquelles leurs membres se sentent unis plus intimement, en tout cas autrement que par la discipline extérieure et l'agencement artificiel de l'organisation, telle qu'Ostwald l'entend. C'est pourquoi le signe de leur supériorité, ce n'est pas seulement qu'elles produisent plus, c'est aussi que leurs facultés de production se combinent davantage avec le libre jeu des activités, avec l'assentiment raisonnable des volontés, et en dépit des divisions et des luttes inévitables, avec une certaine entente cordiale des âmes et avec un amour commun de la vie nationale commune.

Ce respect de la liberté de chacun, ce droit laissé aux individus ainsi qu'aux peuples de régler leurs destinées, et de les régler à la mesure de

______

(1) *Les fondements énergétiques de la science de la civilisation*, Ch. VIII, trad. Philippi, p. 95.

leur idéal, et non pas seulement de leurs intérêts, cette exaltation des sentiments sociaux au dessus de l'accomplissement de tâches spéciales, ne vont peut-être pas sans quelque gaspillage et sans quelque négligence d'énergies utiles. Encore faudrait-il pouvoir évaluer tous ces effets dans une longue durée de temps ; et encore faut-il se dire que les grandes forces morales ont des ressources par lesquelles elles récupèrent les pertes et même compensent bien au delà les dommages matériels d'un moment.

L'organisation qu'Ostwald appelle de ses vœux étoufferait vite toute liberté et même d'une certaine façon toute société. Elle étoufferait aussi certainement le génie. La subordination qu'Ostwald prononce des esprits créateurs aux esprits organisateurs nous laisse entrevoir, dans le monde même de la science, la constitution d'une force presque invincible de résistance à toutes les nouveautés scientifiques. Ostwald a été le premier à signaler les barrières qu'oppose à toute marche en avant la routine consolidée et officielle. De fait, les grands progrès scientifiques ont été souvent accomplis par une sorte de rupture avec la science organisée, par l'intrusion d'un esprit qui ne voulait pas rester à la place qu'on lui avait assignée : ils supposent en tout cas une liberté d'allure et de mouvement incompatible avec un régime trop défini d'organisation. Peut-être est-ce en raison du genre de développement propre à la science allemande qu'Ostwald a fini par si peu redouter pour la science en général l'hégémonie des organisateurs. Dans sa brochure sur *l'Histoire des Sciences et les Prétentions de la Science allemande*, M. Emile Picard a montré avec une netteté décisive à quel point les Allemands ont peu contribué aux découvertes théoriques et même aux applications pratiques originales de la science moderne : s'ils ont pu se faire illusion à eux-mêmes et surtout chercher à faire illusion aux autres sur la part qui leur revient, c'est qu'ils confondent aisément le progrès réel de la science et l'augmentation du rendement scientifique.

Cependant peut-on reprocher à Ostwald d'avoir méconnu le rôle des savants originaux, quand il a lui-même consacré des études, qui forment tout un livre, à l'analyse biographique et psychologique de grands hommes qui sont tous des hommes de science ? Mais admirez d'abord la largeur du choix fait par Ostwald : la science française n'est représentée là que par Charles Gerhardt, qui peut-être encore aux yeux d'Ostwald avait l'excuse d'avoir fait ses premières études à Karlsruhe et à Leipzig ; pourrait-on, au surplus, douter de son parti pris, quand on constate que, parlant de bactériologie, il réserve ses éloges à Koch et oublie Pasteur, quand on le voit non seulement dans ce livre proclamer si haut la valeur de l'enseignement allemand et de la science allemande en même temps que le déclin de l'enseignement français et de la science française, mais encore, dans son autre ouvrage sur l'*Évolution de la Chimie*, tendre si visiblement à diminuer l'importance de l'œuvre de Lavoisier ?

D'autre part, lorsqu'il étudie ses grands hommes, ses grands hommes à lui, Ostwald demeure toujours préoccupé par ses idées de maximum de rendement. « Un grand homme, dit-il, est un appareil qui peut produire de grands travaux » (1). Il n'analyse donc cet appareil que pour montrer comment il va à sa production, insistant beaucoup sur une distinction assez vague entre les savants de type romantique, c'est-à-dire aux réactions rapides et précoces, et les savants de type classique, c'est-à-dire aux réactions lentes et tardives, mais surtout dénonçant comme un mal tout ce

(1) *Grands hommes*, trad. française de Marcel Dufour, p. 208.

qui ne se rapporte pas ou ce qui semble faire momentanément obstacle à la faculté de production, incapable, semble-t-il, de discerner toutes les causes à côté, toutes les formes d'éducation générale et de recueillement désintéressé qui préparent de plus ou moins loin l'originalité véritable. Que, par constraste, on lise les pages d'une psychologie si pénétrante, si consciente des détours féconds et de la liberté vitale de l'esprit, que chez nous Henri Poincaré a consacrées à l'invention mathématique (1).

Voilà donc comment cette notion de la culture fait abstraction, dans tous les domaines auxquels elle s'applique, de tout ce qui hausse les individus comme les peuples à la maîtrise d'eux-mêmes, au droit de poursuivre leurs destinées par leurs voies propres, à la faculté d'estimer leur droit pour lui-même. On dira sans doute qu'Ostwald n'a pas été insensible en apparence à l'avènement d'une humanité que ne gouvernerait pas la force brutale, qu'il a été et qu'il se déclare encore pour la paix contre la guerre, — au fait, la guerre est selon lui une lamentable perte d'énergies utiles — qu'il n'a pas ménagé les professions d'internatio-

(1) H. Poincaré, *Science et méthode*, p. 43 et suiv.

nalisme. Sont-ce là des pensées et des attitudes en accord avec la frénésie de lutte et de conquête qui a entraîné l'Allemagne ?

Oui certes, Ostwald s'est proclamé pacificiste, internationaliste : mieux encore, c'est à nous Français qu'il est venu signifier, il n'y a pas bien longtemps, cette conviction de son esprit et ce vœu de son âme. L'histoire vaut d'être rappelée.

En mai 1910, une Revue française accueillait un article de lui, intitulé *Le Grand Pas* (1). C'était une invitation pressante à la France, à la nation « qui a toujours eu le sentiment vivant, enthousiaste du *grand*, de l'*humain* en général » ; et que devait-elle donc faire, cette France si magnifiquement louée ? Accomplir la paix des peuples en prenant la première et seule, sans entente avec les autres nations, l'initiative de se désarmer. Le problème du désarmement simultané et proportionnel des Etats comporte, disait Ostwald, tant de difficultés que la solution en dépasse les forces humaines. Il faut donc qu'une nation coure le risque et emploie ses mains à se dévêtir de son armure. — Coure le risque ? Mais il n'y a pas de risque au fond, prétend notre homme. Depuis la

______

(1) *La Grande Revue*, 10 mai 1910. — V. *Der energetische Imperativ*, p. 267 et suiv.

guerre avec le Japon, la Russie est en Europe pratiquement sans défense. Qui l'a attaquée ? Et à plus forte raison qui oserait attaquer un peuple assez magnanime pour avoir attendu sa sécurité de la seule loyauté des autres nations ? — Pourquoi cependant est-ce à la nation française qu'il appartient de commencer ? D'abord parce que la France est plus qu'une autre menacée de décadence économique et scientifique en raison du prélèvement qu'opère le service militaire sur ces années de jeunesse qui sont décisives pour la formation des aptitudes. Ensuite, parce que la France a toujours fait œuvre de pionnier dans le développement politique de l'Europe et qu'elle doit être, par conséquent, la première à accomplir le plus grand de tous les actes politiques que connaîtra l'histoire de ces derniers siècles.

N'insistons pas. Ces propos tenus si peu de temps avant la guerre, alors que l'Allemagne accumulait ses moyens d'attaque, nous apparaissent aujourd'hui dans toute leur inconscience révoltante et leur sinistre ironie. Nous savons ce que vaut l'idéologie allemande. Ce n'est pas elle sans doute qui a directement déchaîné la lutte effroyable ; mais elle n'a eu ni autorité pour la prévenir, ni droiture morale pour la condamner, et elle a découvert sans peine, quand il a fallu, tous les sophismes nécessaires pour l'absoudre. Voyez cet autre lauréat du prix Nobel, le professeur Eucken, d'Iéna, couronné pour l'élévation, car ce ne pouvait être pour la précision, de ses idées ; il ne s'est point senti gêné pour signer, aussi bien qu'Ostwald, le cynique manifeste des intellectuels allemands, et il emploie actuellement à justifier l'Allemagne tout son pathos idéaliste. La pensée germanique se prostitue sans la moindre pudeur à tous les usages que réclame d'elle la nation allemande dans son appétit insatiable de domination. Et bien des fois c'est elle-même qui va, de son mouvement le plus spontané, rejoindre et exalter cette monstrueuse prétention à l'hégémonie universelle. En particuiier, cette idée de la plus grande organisation possible de toutes les énergies, en laquelle Ostwald fait consister l'essence de la culture, correspond bien à cette volonté de gouverner le monde qui pousse l'Allemagne, et qui est si absolument dépourvue de tout scrupule juridique et moral. Mais les puissances spirituelles, si outrageusement méconnues et violées, auront leur revanche ; et puisqu'Ostwald a proposé aux poètes en quête de matière un sujet, le plus beau à ses yeux, à savoir l'énergie et toute la civilisation qui en découle, disons-lui qu'il s'élabore présentement, parmi des douleurs, des sacrifices, des espérances et des actes d'héroïsme comme il n'y en eut jamais, un sujet pour lequel aucun poète, si grand qu'il soit, ne sera jamais assez grand ; et ce sujet, c'est le triomphe de la civilisation, sans doute, mais de la civilisation véritablement et essentiellement humaine, de cette civilisation que la France en ses meilleurs jours et par ses meilleures œuvres s'est donné pour mission de propager, dont elle a composé le sens à la fois avec sa nature, ses traditions et sa volonté, où elle a fait entrer, dans une harmonie qui est bien à elle, le goût hellénique de la liberté et de la mesure, la notion romaine de la valeur de l'ordre juridique, le sentiment chrétien de la fraternité des hommes et du devoir particulier de protection envers les faibles. C'est pour cette civilisation en esprit et en vérité, et contre les instincts barbares qui ont usurpé le nom de culture, qu'elle lutte aujourd'hui, qu'elle veut vaincre, et qu'elle saura vaincre. Qu'il y ait ou non un poète pour les écrire, ce seront certes les pages les plus magnifiques que celles que sa lutte et sa victoire auront ajoutées à la *Légende des Siècles*.

PARIS

IMPRIMERIE ARTISTIQUE « LUX »

131, boulevard Saint-Michel.

www.ingramcontent.com/pod-product-compliance
Lightning Source LLC
LaVergne TN
LVHW020449060726
842525LV00005B/1612